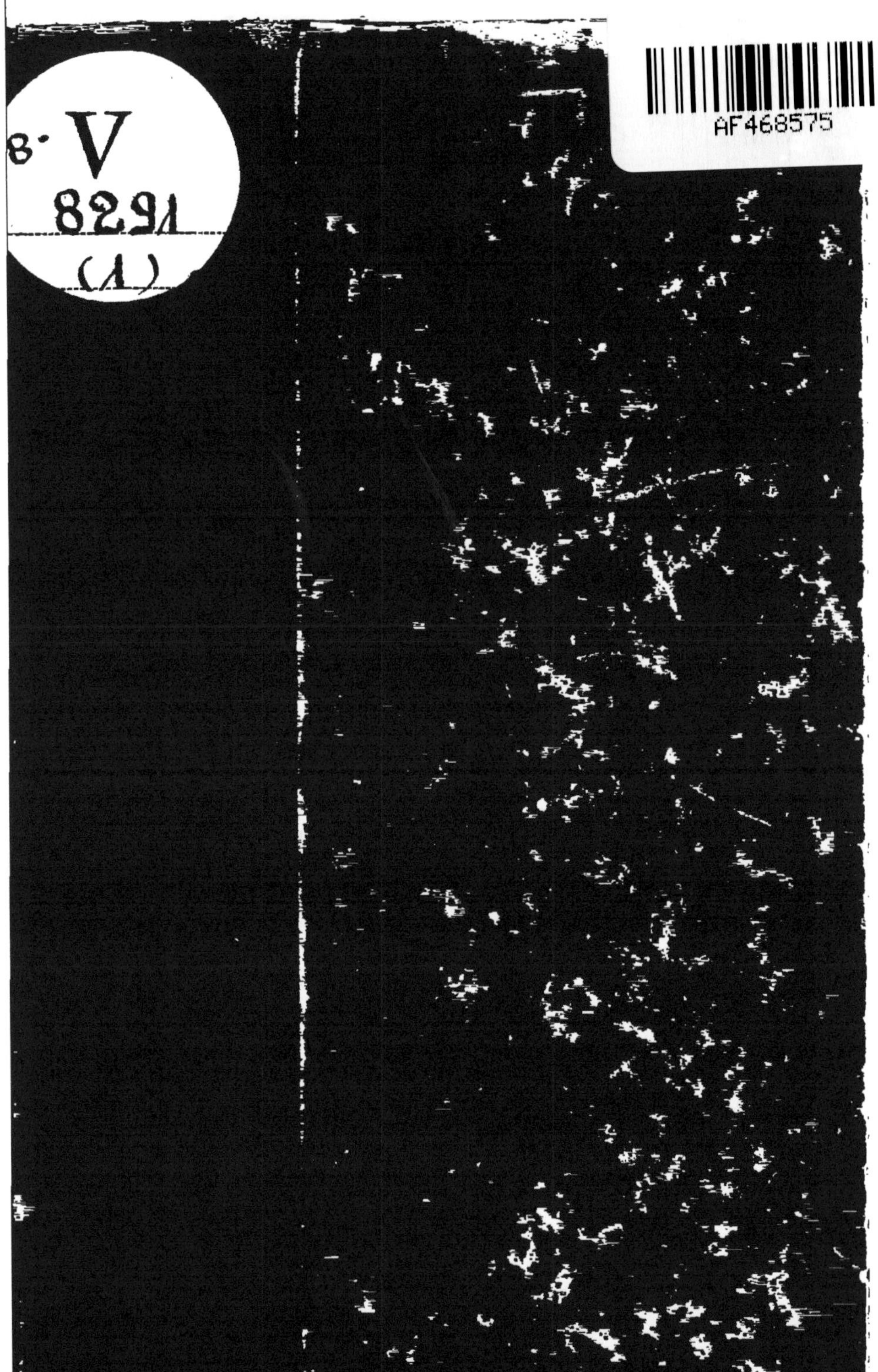

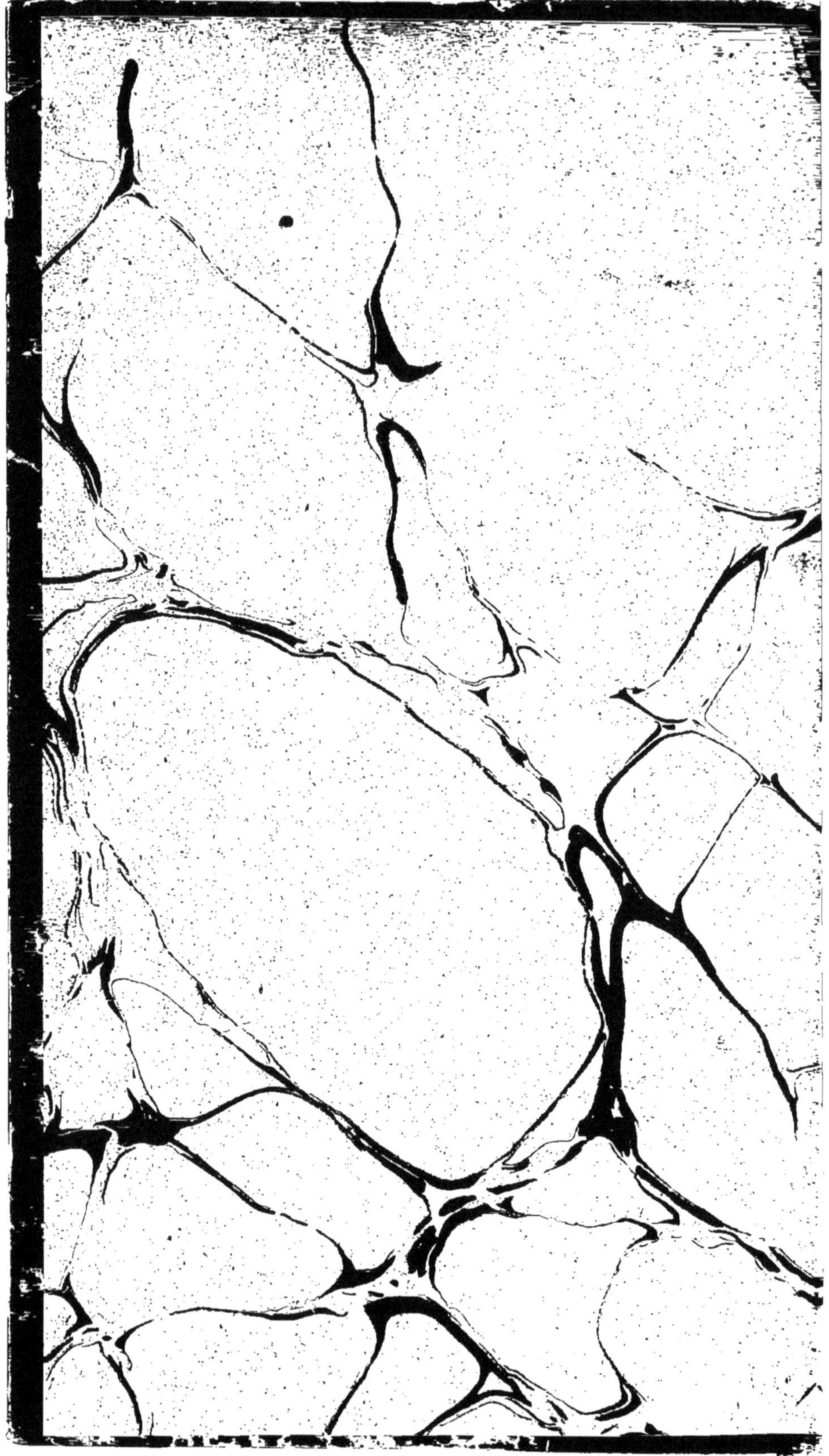

EXPOSITION

DE 1673

—

I

COLLECTION

DES

LIVRETS

DES

ANCIENNES EXPOSITIONS

DEPUIS 1673 JUSQU'EN 1800

PRÉFACE GÉNÉRALE

SUR LA PUBLICATION

EXPOSITION DE 1673

PARIS

LIEPMANSSOHN ET DUFOUR

ÉDITEURS

11, rue des Saints-Pères

FÉVRIER 1869

NOMBRE DU TIRAGE

DU LIVRET DE 1673.

400	exemplaires	sur papier vergé.
25	—	sur papier de Hollande.
10	—	sur chine.

N°

Ce livret seul est vendu 2 fr. 50.

AVERTISSEMENT.

Quelques observations préliminaires nous paraissent indispensables au début de cette publication. Nous n'insisterons pas sur son opportunité; les sympathies qui ont répondu à notre appel nous prouvent suffisamment que l'utilité de notre entreprise a été appréciée du public auquel nous nous sommes adressés.

Si les anciennes Expositions n'avaient laissé chacune qu'un tirage unique de leur catalogue, comme il arrive de nos jours, notre tâche serait facile; elle se bornerait à un simple travail matériel, à une reproduction aussi textuelle que possible. Il n'en est point ainsi.

Les Salons du siècle dernier, pour la plupart, ont donné naissance à plusieurs éditions de leurs livrets. Le plus souvent les différences ont peu d'importance; elles se réduisent à des additions peu nombreuses; mais quelquefois les variantes se multiplient : pendant la durée de l'Exposition le livret a été complétement modifié, remanié. Certains Salons ont eu trois et jusqu'à cinq éditions successives de leurs catalogues. De là la nécessité d'étudier soigneusement chaque exemplaire pour donner le texte le plus complet et le plus correct. Quand les modifications se bornent, comme dans la plupart des cas, à un petit nombre d'additions rejetées à la fin du volume, le choix est aisé : nous prendrons comme type les exemplaires les plus complets, en ayant soin d'indiquer dans une notice bibliographique les variantes des divers tirages connus. Mais quand les différences se multiplient, se reproduisent à chaque page, et, ne se bornant pas à des additions ou à des suppressions, bouleversent de fond en comble l'ordre primitivement établi, notre embarras augmente. Il est presque impossible d'établir une règle générale et immuable, d'adopter irrévocablement les premières ou dernières éditions, d'autant plus que l'ordre des éditions devient souvent très-difficile à déterminer. Dans ce cas, nous choisirons, suivant les circonstances, un modèle, en indiquant soit au commencement du livret, soit dans des notes au bas des pages, les variantes de chaque édition. Ces questions délicates, ainsi que la bibliographie des critiques auxquelles chaque Exposition a donné naissance, trouveront place en tête de chaque volume, dans la préface bibliographique dont nous venons de parler. On trouvera plus loin une de ces notices en tête du salon de 1673.

Il importe, avant d'entrer dans le détail des diverses particularités sur lesquelles il nous faut insister, de donner la liste complète des livrets qui formeront l'ensemble de notre publication.

Nous aurions pu emprunter à notre savant et obligeant ami, M. de Montaiglon, la nomenclature qu'il a relevée le premier. Mais il nous paraît plus utile de reproduire ici un travail presque ignoré, qui renferme des renseignements précis et fort intéressants.

M. Saint-Vincent Duvivier, à qui on doit une intéressante notice sur le palais des Beaux-Arts, a dressé la liste de toutes les Expositions de l'Académie, depuis les premières, qui n'eurent pas de livret et dont l'existence lui a été révélée seulement par les registres de la Société, conservés aux Archives de l'École des Beaux-Arts, jusqu'en 1855. Cette liste a été imprimée jadis dans le *Tableau de Paris,* publication périodique, mais irrégulière, de M. Jeandel. L'intérêt de cette récapitulation, les détails précis dont l'auteur l'a accompagnée sur le nombre des exposants, la quantité d'œuvres exposées dans chaque genre, la rédaction du livret ou la décoration du local, et aussi la rareté du recueil de M. Jeandel, nous déterminent à donner la copie complète de ce travail pour la période qui nous occupe. Nous numérotons par des chiffres particuliers, entre parenthèses, les Expositions qui ont laissé des livrets comme souvenir de leur existence. Nous ne trouvons sur ce total de 51 Expositions que 42 livrets, nombre déjà indiqué par M. de Montaiglon.

Le règne de Louis XIV avait vu dix Expositions, et non trois, comme on l'avait cru jusqu'ici, d'après le témoignage des livrets imprimés. L'Académie, sur un désir du roi, avait décidé le 24 décembre 1663 qu'il y aurait tous les ans, le premier samedi de juillet, exposition dans les salles des séances. La décision de l'Académie attendit quatre ans son exécution. Enfin une lettre de Colbert, du 9 janvier 1666, régla que ces solennités académiques auraient lieu seulement tous les deux ans et pendant la semaine sainte. Enfin, en 1667, s'ouvrit la première Exposition de l'Académie.

EXPOSITIONS DE L'ANCIENNE ACADÉMIE.

RÈGNE DE LOUIS XIV.

1re. La première, ouverte en 1667, sur l'invitation du ministre et pour célébrer la fondation de l'Académie, dure quinze jours, du 9 au 23 avril. Colbert la visite.

2e, tenue du 28 mars au 20 avril 1669, dans la

galerie du Palais-Royal et dans la cour du palais Brion ou hôtel Richelieu; est également visitée par Colbert.

3e, établie aux mêmes lieux, et à partir du 20 avril 1671.

4e (1er *livret*), du 14 août au 4 septembre 1673, avait été retardée de quelques mois afin de coïncider avec la fête du roi; honorée le 25 août de la présence du premier ministre.

5e, inaugurée le 14 août 1675.

Pas d'Exposition en 1677 et 1679, à cause des dépenses qu'elles occasionnaient à l'Académie.

6e, le 14 août 1681; on a beaucoup de peine à réunir un nombre d'ouvrages suffisant. Lemoyne nommé décorateur de l'Exposition.

7e, retardée par la mort de la reine, n'a lieu qu'au mois de septembre 1683.

8e (2e *livret*), du 20 août au 16 septembre 1699, a lieu pour la première fois dans la grande galerie du Louvre. Première mention d'un livret publié par Perrault. Il est cependant certain qu'il en parut un en 1673, ainsi que l'atteste la publication de M. Anatole de Montaiglon, qui a reproduit avec une scrupuleuse exactitude, et d'après le seul exemplaire que l'on connût avant que deux autres fussent retrouvés dans les portefeuilles de la Bibliothèque impériale, la brochure ayant pour titre : *Le livret de l'Exposition faite en 1673 dans la cour du Palais Royal.*

9e (3e *livret*), du 12 septembre au 8 novembre 1704, dans la grande galerie du Louvre.

10e, ne dure qu'un jour, le 25 août 1706, à l'occasion de la fête du roi, pour offrir aux regards du public les morceaux de réception et les objets d'art appartenant à l'Académie.

LE RÈGNE DE LOUIS XV EST MARQUÉ PAR VINGT-SIX EXPOSITIONS, DE 1725 A 1773.

11e, du 25 août au 2 septembre 1725, dans le salon carré, entre la galerie d'Apollon et la grande galerie du Louvre.

12e, dans la galerie d'Apollon, du 30 mai au 30 juin 1727, produit du concours ouvert entre les principaux officiers de l'Académie. Le duc d'Antin demande l'avis motivé des Académiciens non exposants sur le mérite des compositions exposées.

13e (4e *livret*), ouverte le 18 août 1737, dans le grand salon carré du Louvre. Stiémart, décorateur, 286 sujets; 69 exposants : 49 peintres, 10 sculpteurs, 8 graveurs en taille-douce, 2 graveurs en médaille. Il y eut un livret.

14e (5e *livret*), le 18 août 1738, toujours dans le salon carré, fut peu nombreuse.

15e (6e *livret*), du 6 au 30 septembre 1739, dans le salon carré. Stiémart, décorateur; Reydelet, chargé du livret; 40 exposants; 119 ouvrages : 82 peintures, 14 sculptures, 12 gravures, 5 miniatures, 6 paysages.

16e (7e *livret*), se tient du 18 août au 1er septembre 1740.

17e (8e *livret*), du 1er au 10 septembre 1741. Portail remplace comme décorateur Stiémart, décédé le 19 août de la même année.

18e (9e *livret*), du 1er au 31 août 1742. Livret par Reydelet; Portail, décorateur; 51 exposants; 186 sujets : 123 peintures, 19 sculptures, 40 gravures en taille-douce, 4 paysages.

19e (10e *livret*), reste ouverte du 5 au 26 août 1743.

20e (11e *livret*), tenue du 20 août au 25 septembre 1745. 53 exposants; 214 ouvrages : 140 peintures, 19 sculptures, 40 gravures, 15 paysages. Portail, décorateur; livret par Reydelet.

21e (12e *livret*), ouverte le 25 août, jour de la Saint-Louis, fête du roi, finit le 25 septembre 1746. Origine du jury, commission prise dans le sein de l'Académie pour examiner les ouvrages.

22e (13e *livret*), ouverte le 25 août 1747. Reydelet et Portail chargés du livret et des décorations. 65 exposants; 146 sujets : 124 tableaux, 8 sculptures, 14 gravures. A cette exposition se remarquaient 11 tableaux exécutés sous les ordres du roi, qui en commanda 10 autres après la clôture.

23e (14e *livret*), ouverte le 25 août 1748 dans le salon carré du Louvre et une partie de la galerie d'Apollon. Portail, décorateur; livret par Reydelet. 48 exposants dans le grand salon; 158 sujets exposés : 110 peintures, 17 sculptures, 31 gravures. 7 tableaux du peintre Troy figuraient dans la galerie d'Apollon. Pigalle avait exposé dans son atelier, cour du vieux Louvre, 3 statues en marbre.

24e (15e *livret*), dans le sálon carré du Louvre, du 25 août au 25 septembre 1750. Portail, décorateur.

25e (16e *livret*), le 25 août 1751. Portail, décorateur ; Reydelet rédige le livret. 47 exposants ; 158 compositions : 130 tableaux, 14 sculptures et 14 gravures.

26e (17e *livret*), ouverte le 25 août 1753.

27e (18e *livret*), le 25 août 1755.

28e (19e *livret*), commence le 25 août 1757. 57 exposants ; 225 sujets : 148 tableaux, 33 sculptures, 44 gravures. Reydelet, rédacteur du livret ; Portail, décorateur.

29e (20e *livret*), le 25 août 1759. Portail, étant mort le 4 novembre de la même année, a pour successeur Chardin.

30e (21e *livret*), 25 août 1761. Reydelet, chargé du livret ; Chardin, décorateur. 53 exposants : 33 peintres, 9 sculpteurs, 11 graveurs ; 228 ouvrages : 167 peintures, 40 sculptures, 28 gravures.

31e (22e *livret*), le 15 août 1763. 57 exposants : 38 peintres, 9 sculpteurs, 9 graveurs, 1 tapissier, et 300 ouvrages : 240 peintures, 30 sculptures, 29 gravures et 1 tapisserie des Gobelins représentant le portrait du roi, d'après Louis-Michel Vanloo.

32e (23e *livret*), le 25 août 1765. Un livret. 70 exposants : 42 peintres, 15 graveurs, 11 sculpteurs, 2 tapissiers ; 432 sujets : 316 tableaux, 46 sculptures, 68 gravures, 2 tapisseries.

33e (24e *livret*), le 25 août 1767. Livret. 64 exposants : 45 peintres, 8 sculpteurs, 11 graveurs ; 485 compositions : 347 peintures, 40 sculptures, 38 gravures.

34e (25e *livret*), le 25 août 1769. 68 exposants : 44 peintres, 10 sculpteurs, 12 graveurs, 2 tapissiers ; 425 sujets : 298 peintures, 40 sculptures, 73 gravures, 2 tapisseries. Livret.

35e (26e *livret*), le 25 août 1771. Livret. 70 exposants : 45 peintres, 12 sculpteurs, 12 graveurs ; 532 ouvrages : 359 peintures, 79 sculptures, 14 gravures. Hors du Louvre, 10 tableaux de batailles avaient été exposés à Versailles dans les salons du ministère de la guerre.

36e (27e *livret*), le 25 août 1773. Livret. 60 exposants : 38 peintres, 12 sculpteurs, 10 graveurs ; 479 sujets : 331 peintures, 65 sculptures, 80 gravures, 3 tapisseries.

DURANT LE RÈGNE DE LOUIS XVI SE SUCCÈDENT SANS INTERRUPTION, DE 1775 A 1791, NEUF EXPOSITIONS BISANNUELLES.

37e (28e *livret*), a lieu, suivant l'usage consacré par les deux précédents règnes, le jour de la Saint-Louis et s'ouvre, en conséquence, le 25 août 1775, pour n'être close que le 25 septembre suivant. Vien avait consenti à se charger de l'arrangement du local, sans qu'aucun honoraire fût attribué à cette tâche. Il parut un livret.

38e (29e *livret*), le 25 août 1777. Invitation est faite à la commission d'examen d'apporter toute la sévérité nécessaire dans l'examen des œuvres, et de veiller à ce qu'on respecte la décence. Lagrenée aîné pourvoit avec Renou, secrétaire de l'Académie, à la décoration de l'Exposition.

39e (30e *livret*), du 25 août au 3 octobre 1779. 71 exposants : 47 peintres, 12 sculpteurs, 12 graveurs; 428 ouvrages : 290 tableaux, 80 sculptures, 58 gravures. Renou se charge de la rédaction du livret.

40e (31e *livret*), le 25 août 1781. 71 exposants : 49 peintres, 12 sculpteurs, 11 graveurs; 534 compositions : 348 peintures, 66 sculptures, 122 gravures. Livret par Renou.

41e (32e *livret*), le 25 août 1783. 63 exposants : 38 peintres, 12 sculpteurs, 12 graveurs et 3 tapissiers; 436 ouvrages : 304 peintures, 64 sculptures, 68 gravures et 3 tapisseries. Renou reçoit 600 livres pour rédaction du livret. La décoration du salon est confiée à Amédée Vanloo.

L'année suivante, 1784, exposition spéciale du concours ouvert pour les sculpteurs à l'occasion de la découverte du système aérostatique.

42e (33e *livret*), le 25 août 1785. 72 exposants :

44 peintres, 18 sculpteurs, 10 graveurs; 504 sujets: 292 tableaux, 98 sculptures, 114 gravures. Au milieu de la période affectée à l'Exposition, on songe pour la première fois à changer de place les principaux tableaux, afin de mettre dans le meilleur jour celles de ces œuvres qui avaient été jusque là moins bien partagées.

43e (34e *livret*), le 25 août 1787. Livret par Renou. 76 exposants : 46 peintres, 18 sculpteurs, 12 graveurs; 402 ouvrages : 291 peintures, 69 sculptures, 42 gravures.

44e (35e *livret*), le 25 août 1789. 89 exposants : 55 peintres, 25 sculpteurs, 9 graveurs; 453 envois: 293 peintures, 116 sculptures, 44 gravures. Livret.

45e (36e *livret*), 25 août 1791. 71 admis: 44 peintres, 21 sculpteurs, 6 graveurs; 426 sujets : 274 peintures, 113 sculptures, 30 gravures. Commission d'examen pour la réception des ouvrages formée de six officiers de l'Académie et d'autant d'Académiciens tirés au sort. Livret par Renou. Durameau, décorateur.

Neuf Expositions annuelles signalèrent, de 1793 à 1802, le passage de la République, du Directoire et du Consulat.

46e (37e *livret*), tenue en 1793.

47e (38e *livret*), en 1795.

48e (39e *livret*), en 1796.

49e (40e *livret*), en 1797.

50e (41e *livret*), en 1798.
51e (42e *livret*), en 1799.

Nous ne suivrons pas M. Duvivier jusqu'en 1855. M. de Montaiglon d'ailleurs, dans sa Bibliographie des Salons, a donné sur les Expositions modernes qui sortent de notre programme des renseignements très-suffisants. Nous y renvoyons nos lecteurs. Signalons cependant une coïncidence singulière. En comptant les Expositions de l'Académie sans livrets et en additionnant le total des Salons qui ont eu lieu depuis 1800 avec ceux du dix-septième et du dix-huitième siècle, M. Duvivier prouve que l'Exposition universelle de 1855 occupe le n° 86 dans la liste des Expositions. Si nous continuons cette liste et si les Salons se succèdent encore d'année en année jusque là, comme cela a lieu depuis quelque temps, l'Exposition de l'année 1873, qui s'ouvrira lors du deux centième anniversaire de la première Exposition constatée officiellement par un livret, sera précisément la centième depuis la fondation de l'Académie. Ne devrait-on pas célébrer ce double et glorieux anniversaire par un grand jubilé artistique?

A cette liste nous croyons utile de joindre quelques notes sur les tentatives faites avant nous pour sauver de l'oubli les précieux documents que nous allons réimprimer.

Avant même la bibliographie donnée par M. de Montaiglon, l'entreprise avait été tentée par le CABINET DE L'AMATEUR ET DE L'ANTIQUAIRE, *revue des tableaux et des estampes anciennes, des objets d'art, d'antiquité et de curiosité,* publié par MM. Piot et Villot, et formant quatre volumes in-8°, de 1842 à 1845 (Paris, au bureau du journal, rue Laffitte, 2). Les éditeurs de cette revue avaient adopté un système que M. de Montaiglon a très-justement critiqué parce qu'il détruit entièrement la physionomie des livrets dans un but de commodité qui aurait pu être atteint autrement. Ils ont fondu ensemble tous les livrets et ont rangé les peintres par ordre alphabétique, énumérant à chaque nom les articles contenus dans les livrets successifs. Cette table, qui est restée inachevée, ne forme que la première partie de la publication consacrée exclusivement aux tableaux et aux dessins. Ses auteurs ne paraissent pas avoir connu le livret de 1673, car leur récapitulation va de 1699 à 1789.

La partie publiée se trouve dans les troisième et quatrième volumes de la *Revue*. Elle s'étend de la page 73 à la page 152 du troisième volume, commence à Allegrain (Gabriel) et va jusqu'à Delobel (Nicolas); elle est reprise de la page 153 du quatrième volume, jusqu'à la page 240. Cette seconde série embrasse les noms compris entre Delobel et Lagrenée (Louis-Jean-François) dit l'aîné. A la fin de l'article, une note renvoie la suite au cinquième volume qui ne parut jamais.

Cependant le *Cabinet de l'amateur* reparut en 1862 et 1863 dans un nouveau format; mais cette nouvelle série ne continua pas la liste alphabétique commencée par son aînée.

M. de Montaiglon, lors de sa réimpression du livret de 1673, annonçait la publication de tous les catalogues postérieurs jusqu'en 1800. Mais ce projet n'a pas eu de suite; il s'est borné à cette réimpression unique et à la table bibliographique, si utile d'ailleurs à tous les travailleurs, des différents Salons et des critiques qui en naquirent.

Récemment encore cette question des anciennes Expositions a été agitée dans la *Chronique des Arts et de la Curiosité*. M. Vallet de Viriville, le regretté professeur de l'École des Chartes, avait destiné à ce journal une liste de toutes les Expositions depuis 1673 jusqu'à nos jours, sans commentaires. Malheureusement ce travail ne fut publié qu'après sa mort (24 mai 1868); aussi pèche-t-il par de graves erreurs que M. Bellier de la Chavignerie s'empressa de relever dans un des numéros suivants du journal. Cette incertitude et ces contradictions nous ont semblé rendre encore plus nécessaire la table des anciennes Expositions de peinture et de leurs livrets que nous empruntons à M. Saint-Vincent Duvivier.

Nous devons maintenant mettre sous les yeux

de nos lecteurs quelques explications sur certains détails d'exécution qui ne pouvaient trouver place dans un prospectus et qu'il est cependant nécessaire de fixer dès maintenant.

Nous avons dit d'une manière indéterminée que le chiffre du tirage serait restreint; nous allons expliquer pourquoi nous ne donnons pas plus de précision à ce renseignement.

Les derniers livrets du dix-huitième siècle, les plus volumineux et les moins rares de la collection, seront tirés à fort petit nombre en dehors de ceux destinés aux souscripteurs. Le chiffre du tirage pour ces derniers livrets, à part les souscriptions, ne dépassera pas cent.

On comprend en effet qu'un certain nombre des premiers livrets seront demandés par des amateurs possédant déjà une collection presque complète. D'autres devront être distribués dans la presse. On sait enfin que dans une entreprise devant durer comme celle-ci plusieurs années, certaines souscriptions peuvent n'être pas continuées par une raison ou une autre, il est donc nécessaire de prévoir le cas où des collections deviendraient incomplètes.

Au reste, la première feuille de chaque livret indiquera le chiffre sincère du tirage, les exemplaires seront numérotés et les souscripteurs recevront une série portant tout entière le même numéro.

Nous faisons copier sur les exemplaires du dix-huitième siècle et graver spécialement pour notre réimpression plusieurs fleurons, culs-de-lampe et bandes. Ces ornements pris dans les originaux conserveront à notre reproduction l'aspect, le caractère et l'élégance des anciens volumes. Les trois premiers livrets, contemporains de Louis XIV, ne portent aucune décoration de cette nature; nous n'emploierons donc nos fleurons que pour les livrets du règne de Louis XV, à partir de l'année 1737. Nous y sommes encore déterminé par une question de goût que chacun appréciera.

Nous avons cherché à reproduire exactement non seulement l'orthographe, mais encore la physionomie des originaux. Aussi avons-nous dû copier les noms propres tels que nous les trouvons écrits, nous rectifierons l'orthographe à la table; de plus nous nous efforçons de rendre la disposition des titres, nous copions fidèlement les s longues, les imparfaits en oi et autres particularités de l'écriture ancienne. Nous pensons que si ces petites choses méritent d'être observées, c'est, ou jamais, dans la circonstance actuelle.

Il fallait toutefois éviter de pousser ce respect jusqu'à la puérilité. Ainsi ne nous sommes-nous pas astreint à reproduire les anciens livrets page par page, ce qui eût présenté de graves difficultés ou des différences choquantes de format, à cause de l'étendue inégale du texte contenu dans chaque feuillet des anciens exemplaires.

Nous devons en outre observer que jadis les noms propres étaient tantôt imprimés en italiques, tantôt en lettres capitales, autre part en caractères ordinaires. Pour la commodité des recherches, nous adoptons une règle uniforme : le nom de tout artiste accompagnant la mention d'une œuvre exposée sera imprimé en italiques.

La réimpression terminée, nous la compléterons par une table que nous avons annoncée dans notre prospectus et qui sera donnée à l'imprimeur dès que le dernier volume aura paru. Cette table, distribuée gratuitement à nos souscripteurs, comprendra : 1° les noms des artistes ayant pris part à ces quarante-deux Salons ; 2° les noms de tous les personnages, amateurs, souverains ou autres, cités dans ces Salons, soit à cause de leur portrait, de leur buste, soit comme propriétaires d'un tableau ; 3° les noms de lieux qui pourront se rencontrer dans nos livrets pour quelque motif que ce soit ; 4° les noms tirés de la mythologie ou de l'histoire pouvant faire retrouver aisément un tableau exposé.

Cette table complétera utilement notre publication et, avec nos recherches sur les différentes éditions de chaque livret, en deviendra la nouveauté.

Avant de terminer, nous faisons appel à tous

les amateurs que notre œuvre intéresse. Tous les renseignements qui pourraient la rendre moins imparfaite, notamment sur la question des différents tirages, seront accueillis avec une vive reconnaissance. Nous devons déjà remercier M. G. Duplessis, du Cabinet des Estampes, M. Petit, de Creil, et M. Corrard de Bréban, président honoraire à Troyes, des renseignements qu'ils nous ont procurés. Ces sympathies nous encouragent et nous font espérer que nous pourrons enfin arriver à donner un travail définitif sur la question qui nous occupe.

J.-J. Guiffrey.

SALON DE 1673

NOTICE BIBLIOGRAPHIQUE.

Les exemplaires du livret de 1673 sont de la plus grande rareté. Nous n'en connaissons que trois : deux font partie de la Réserve à la Bibliothèque Impériale et appartiennent à deux tirages différents. Ils ont été découverts vers 1849, dans la collection de Thoisy, composée d'un recueil de pièces formant environ 500 volumes in-4°. Le troisième exemplaire est dans la collection de M. Corrard de Bréban, président honoraire du tribunal de Troyes et conservateur du Musée archéologique de la ville. C'est un exemplaire du deuxième tirage.

Nous trouvons cependant dans le catalogue de la bibliothèque de M. Goddé la mention d'un livret de 1673 faisant alors partie de la collection Deloynes. C'est peut-être celui qui est aujourd'hui entre les mains de M. Corrard de Bréban. M. G. Duplessis, dont la compétence en pareille matière est universellement reconnue, nous a dit ne connaître que ce seul exemplaire du Salon de 1673 hors des collections de la Bibliothèque[1].

1. Le numéro de l'exemplaire du livret de 1673 à la Bibliothèque est V. 2664 A. a. 1 (Réserve).

Cette rareté s'explique facilement, d'abord par l'ancienneté du livret, mais encore et davantage par son format. Le livret de 1673 se compose en effet de quatre pages in-4° imprimées en beaux caractères à pleine page et précédées d'une feuille qui porte les armes de l'Académie. Ces armes, supportées par deux génies, encadrées de riches lambrequins, sont dues à un habile artiste. On comprend qu'un format aussi disproportionné avec l'épaisseur ait multiplié les chances de destruction.

Les deux seuls tirages connus de ce livret offrent peu de différences; nous allons les signaler toutes; nous donnons le texte du second tirage, ou du moins du plus complet et du plus correct[1].

Après le nom de M. Paillet (p. 30), la première édition n'ajoute pas la qualité de ***professeur***, non plus qu'après le nom de M. Blanchard (p. 31).

L'article relatif à ***Stella*** et à son tableau du baptême de Notre-Seigneur (p. 33) manque à la première édition.

Après : De M. Valet six Estampes (p. 33), la première édition porte : la première d'une grande ***teste***, au lieu d'une grande ***these***.

Le tableau représentant des ***moutons et quelques chevres fait par M. Nicasius*** (p. 34) est rejeté dans la première édition tout à la fin du livret.

Au lieu de l'article de M. ***Houasse*** et de son Plafond représentant la Terreur et ses attributs (p. 35), la première édition donnait : De M. ***Ouast Vn grand Tableau d'un Platfond représentant Saturne chassé du Ciel par Iupiter***.

La première édition se termine par le tableau de Nicasius, comme nous venons de le voir, et ne parle pas du dernier article cité par la deuxième édition :

1. M. de Montaiglon dans sa réimpression a fondu les deux textes en un seul.

De M. Aillier un tableau representant une Charité Romaine et deux Portraits en ovale.

L'idée de réimprimer cette curiosité bibliographique n'est pas nouvelle. Gault de Saint-Germain l'avait mise à exécution avant M. de Montaiglon, dans ses *Trois siècles de la peinture en France* [1]. L'exemplaire de la collection Deloynes, le seul connu alors, lui avait servi de type.

La réimpression du livret de 1673 [2] par M. de Montaiglon ne vint qu'après la découverte de la collection Thoisy; l'éditeur profita naturellement de cette heureuse trouvaille. Il a peut-être eu le tort de ne pas adopter le texte de l'un des deux tirages; cependant, sauf deux cas de peu d'importance, il suit de préférence la deuxième édition. A part cela, le texte donné par M. de Montaiglon est très-fidèle, enrichi de notes précieuses, accompagné d'une introduction sur le local de l'exposition et d'un essai de bibliographie sur les livrets et les critiques des Salons. Nos lecteurs connaissent d'ailleurs ce petit livre, sur le mérite et la commodité duquel il n'est pas besoin d'insister. La *Revue universelle des Arts* (t. IX, p. 229) a reproduit textuellement la réimpression donnée par M. de Montaiglon, avec toutes ses notes.

M. Delecluze a parlé du Salon de 1673 dans le *Journal des Débats*, au début de ses articles sur le Salon de 1851; M. Eudore Soulié lui a consacré une notice dans l'*Artiste* du 1er décembre 1850 (5e série, tome V, 13e livraison, p. 193), sous ce titre: *L'Exposition de la cour du Palais-Royal en 1673.*

1. Paris, Belin, 1818, 1 vol. in-8°.

2. *Le livret de l'exposition faite en* 1673 *dans la cour du Palais-Royal*, réimprimé avec des notes par M. Anatole de Montaiglon, etc. Prix, 75 cent. In-12, Paris, Dumoulin, avril 1852.

LISTE DES TABLEAVX

ET

PIÈCES DE SCVLPTVRE

EXPOSEZ DANS LA COVR DV PALAIS ROYAL

PAR MESSIEVRS LES PEINTRES

ET SCVLPTEVRS DE L'ACADEMIE ROYALE.

QVATRE grands tableaux faits par Monſieur *le Brun*, Chancelier & Recteur de l'Académie, le premier repréſentant la défaite de Porus par Alexandre.

Le ſecond eſt le paſſage du Granique.

Le troiſiéme, la Bataille d'Arbelle.

Et le quatriéme, le Triomphe d'Alexandre.

Vn tableau fait par M. *Champagne*, Recteur de l'Academie, repreſentant JESUS-CHRIST avec les deux Pelerins d'Emaüs.

Encore vn autre du meſme, où ſont les deux portraits de Meſſieurs Anguier & de Mademoiſelle Anguier.

Trois tableaux de M. *Loir*, Recteur de l'Academie. Le premier repreſente Berenice qui arrache vn papier des mains de Ptolomée, dans lequel eſtoient les noms des perſonnes condamnées à mort, parce que le Roy le liſoit en joüant, jugeant que quand il y va de la vie des hommes, il y faut plus d'attention.

Le ſecond, Pithopolis, femme de Pithes Roy, faiſant ſervir ſur table toutes ſortes de viandes repreſentées en or maſſif, pour guerir l'avarice de ce Prince qui vouloit que ſes ſujets ne travaillaſſent qu'aux mines d'or.

Le troiſiéme, Policrite qui envoye vn pain à ſes freres, dans lequel eſtoit un avis important.

De M. *Girardon,* Recteur de l'Academie, vn Buſte de marbre repreſentant Monſieur le Premier Préſident.

De M. *Bernard,* Profeſſeur, vn petit JESVS de miniature en ovale, & vn petit Payſage en quarré.

De M. *Beaubrun,* Treſorier, deux Portraits; l'un repreſentant Monſieur Bottar, Auditeur des Comptes, dans vn ovale; & l'autre Monſieur Renaudot, Medecin.

De M. *de Seve,* Conſeiller de l'Academie, vn tableau repreſentant vn Moyſe qui donne à boire au troupeau des filles de Jethro.

De M. *Juste* le pere, deux tableaux; dans l'vn des deux ſont les Portraits de Monſieur et Madame Perſeval; & dans l'autre de Monſieur Perſeval leur fils.

De M. *Boulogne,* Profeſſeur, deux tableaux; l'vn repreſentant Dedale & Icare; Et l'autre Samſon, à qui Dalila coupe les cheveux pour le livrer aux Philiſtins.

De M. *Buiſter,* Conſeiller, vne figure de marbre repreſentant Ganimede.

De M. *Teſtelin,* Secretaire, deux Portraits; l'vn du Roy, & l'autre de la Reine; & vn autre tableau du Temps qui arrache les aiſles à l'Amour.

De M. *Paillet* Profeſſeur, trois tableaux; deux deſquels font jaunes, verds, clairs-obfcurs, ou camayeux (c'est comme l'on nomme cette forte d'ouvrage); l'vn reprefente Clelie qui fe fauvant de chez le Roy Porsenna où elle eftoit en oftage, paffe le Tibre accompagnée de neuf Compagnes; & le petit ovale coloré la mefme chofe.

L'autre camayeux ou clair-obfcur reprefente Hipficratée concubine du Roy Mitridates, qui le fuit à la guerre.

De M. *Mauperché*, Conseiller, vn Payfage dans lequel eft vne Vierge accompagnée d'Anges.

De M. *Renaudin*, Confeiller, deux Buftes de plaftre; l'vn de Democrite, & l'autre d'Heraclite; & vne petite Vierge en bas relief bronzé.

De M. *Ferdinand*, Confeiller, trois Portraits; l'vn de Monfieur Hugot; l'autre en ovale, de M. le Chevalier d'Harcourt; & vn autre ovale de Monfieur Mouchi.

De M. *Champagne*, Profeffeur, deux tableaux; l'vn reprefentant Alexandre, auquel l'Ambaffadeur d'Ethiopie vient faire des foûmiffions; & l'autre eft Ptolomée qui fait voir fa Bibliotheque aux Philofophes avec lefquels il confere.

De M. *Blanchard*, Profeffeur, quatre tableaux; le premier reprefentant la Nativité de Noftre-Seigneur.

Le fecond, Vefpafien qui fait baftir le Colifée.

Le troifiéme, Coriolan retenu par fa mere & par fes fœurs pour l'empefcher d'aller à l'armée. Et le quatriéme est vn Portrait de femme en ovale.

De M. *le Fevre*, Confeiller, dix Portraits; le premier vn faint Pierre dans la grande falle. Le fecond de Monfieur de Seignelay fils de Monfieur Colbert; Le troifiéme de M. le Comte du Lude Grand Maiftre de l'Artillerie; Le quatre de Madame la Ducheffe d'Aumont; Le cinq de M. le Préfident de Thorigny; Le fix où eft reprefenté M. de la Grange Religieux de S. Victor; Le fept vn petit ovale où eft le portrait du fieur Poiffon Comedien; Le huit le Portrait de M. le Camus; Le neuf, le Portrait du sieur la Fleur Comédien; & Le dixiéme Mademoifelle de Raimond.

De M. *le Hongre*, Profeffeur, la Figure du Roy fur le cheval de bronze.

De M. *des Jardins*, Profeffeur, deux bas-reliefs; l'vn reprefentant Apollon qui pourfuit Daphné; & l'autre reprefentant vne Juftice.

De M. *Friquet*, Profeffeur pour l'Anatomie, vn tableau reprefentant vn Moyfe apporté par deux hommes à la fille de Pharaon.

De M. *Rouffelet*, Confeiller, quatre Tailles-douces; l'une reprefentant vn Hercule qui tuë l'Hidre; La feconde, le mefme Hercule combatant Acheloüs; La troifiéme, l'enlevement de Dejanire par le Centaure Neffe; Et la quatriéme, Hercule fe jettant dans le bucher qu'il avait allumé sur le mont Oeta; ces quatre Eftampes gravées fur les tableaux du Guide, qui font dans le Cabinet du Roy. Davantage, vne autre Taille-douce d'vn CHRIST defcendu de la croix et porté au fepulcre par fes Difciples; gravé d'après le tableau du Titien, qui eft au Cabinet du Roy. Lefdites Tailles-douces font dans la petite falle.

De M. *Rabon*, Confeiller, vn Portrait reprefentant le Sieur Perier.

De M. *Bodeffon*, Confeiller, quatre tableaux; l'vn reprefentant des fleurs dans vn vaze de cryftal pofé fur vne corniche; vn autre reprefentant un Perroquet & des fleurs fur vn tapis violet; vn autre vn panier plein de fleurs pofé fur vne baluftrade; & le quatriéme eft vn autre vaze pareillement plein de fleurs.

De M. *le Maire*, fept tableaux; l'vn reprefentant le Portrait du General des Peres Mathurins, & l'autre Monfieur le Curé de faint Iean en Greve. Vn autre où eft reprefenté Monfieur Bachot & fa femme, laquelle prefente à fon mary vn cœur enflâmé. Le quatriéme eft un Portrait d'Enfant. Le cinquieme eft le Portrait de Madame Daquin. Le fixiéme celuy de Monfieur l'Abbé fon fils. Et le feptiéme celuy de fon autre fils, Chanoine de faint Nicolas du Louvre.

De M. *Rouffeau*, trois Payfages, & vn autre tableau d'Architecture en Perfpective, tous de trois pieds chacun ou environ.

De M. *Stella*, vn tableau reprefentant le Baptefme de N. Seigneur.

De M. *Montagne*, vn tableau rond reprefentant vn CHRIST qui entre dans vne naffelle avec fes Difciples; & vn autre où eft reprefenté l'enlevement d'Hercule dans le ciel.

De M. *Chafteaux*, trois Eftampes. La premiere eft le Martyre de faint Eftienne, gravé fur le tableau d'Hannibal Carache. La feconde, S. Paul enlevé au troifiéme ciel, gravé fur le tableau de Pouffin. Et la troifiéme vne Affomption de la Vierge de Carache. Ces trois tableaux font dans le cabinet du Roy.

De M. *Valet*, fix Eftampes; la premiere d'vne grande These reprefentant l'Eglife qui foudroye l'Herefie. La feconde, vne Vierge d'après le Guide. La troiſiéme, le portrait du Duc de Savoye. La quatriéme, celuy de M. l'Abbé de Noüailles. La cinquiéme, le Portrait de feu M. d'Aubray, Lieutenant Civil. Et la ſixiéme le Portrait de M. le Lieutenant Particulier.

De M. *Picard*, trois Tailles-douces; la premiere repreſentant la Vertu Victorieuſe des Vices, accompagnée des autres Vertus, & couronnée par les mains de la Gloire, gravée d'aprés le Correge. La ſeconde vn Concert de Muſique. Et la troiſiéme, vne sainte Cecile, chantant les loüanges de Dieu. Ces deux dernieres gravées d'aprés les tableaux du Dominiquain, qui ſont dans le Cabinet du Roy.

Vn grand tableau de plat-fond fait par M. *Vignon*, repreſentant Mars avec ſa Planete.

Vn tableau repreſentant des Moutons & quelques Chevres, fait par M. *Nicaſius*.

De M. *Maniere*, deux petites figures de Sculpture, l'vne d'vn Homme et l'autre d'vne Femme, tenant chacune vn vaze d'où elles verſent de l'eau.

De M. *Weugle*, vn petit tableau repreſentant vn Moyſe à genoux devant le Buiſſon ardent.

De M. *Charmeton*, vn Payſage repreſentant Diane qui va à la chaſſe avec ſes filles.

De M. *Dupuy*, vn grand tableau qui repreſente vn Tapis & vn Singe.

De M. *Batiſte*, quatre tableaux de Fleurs, deſquels trois repreſentent des Vazes antiques pleins de Fleurs, & dans le quatriéme on voit des Singes qui cueillent des Grenades.

De M. *Laminoy*, vn tableau de Payſage où eſt ſaint François, qui reçoit les ſtigmates.

De M. *Huliot*, deux tableaux de Fleurs, dans l'vn desquels est vn Iardin où l'on void vne Fontaine & vn Buste de femme couvert d'vn rideau, & dans l'autre est representée vne Moissine de raisins.

De M. *Garnier*, cinq Portraits, à sçavoir celuy de Monsieur Remy, de Monsieur Figuel, de Monsieur Dantan, de Monsieur Balthazar & de Mademoiselle Ragné, ce dernier fait de Pastel, outre lesquels Portraits sont encore six tableaux de Fruits, Melons & Raisins.

De M. *Raon*, vne figure de Terre de deux pieds de haut representant Apollon.

De M. *Corneille*, quatre tableaux, l'vn representant Sapho chantant & joüant de la Lyre.

Le second representant Aspasie Reine d'Egypte au milieu d'vne conversation de sçavans hommes.

Le troisiéme representant Orphée & Euridice.

Et le quatriéme est vn petit Paysage, où l'on void vn Moyse qu'on expose sur l'eau.

De M. *Vandremeule*, deux tableaux, l'vn representant la Ville de Lisle & l'autre celle de Dole, où dans tous les deux est le Roy.

De M. *Bourguignon*, quatre tableaux, desquels l'vn est son Portrait, vn autre grand portrait d'vne Dame à qui vne petite fille présente des fleurs; & les deux autres sont deux Portraits d'hommes.

De M. *Cotelle*, deux tableaux, l'vn dans vn Paysage ovale où est présenté vn petit Moyse dans vn berceau à la fille de Pharaon, & l'autre est vn petit tableau de Miniature representant vn Sacrifice.

De M. *Houasse*, vn grand tableau d'vn Plat-fond representant la Terreur & ses attributs.

De M. *le Clerc*, deux Eſtampes gravées à l'eau forte, l'vne repreſentant le Moſolée ou Catafalque qui a eſté fait à la memoire de feu Monſieur le Chancelier par Meſſieurs de l'Academie, de laquelle il a eſté le Protecteur; & l'autre repreſentant l'Arc Triomphal de la Porte ſaint Antoine, & vne Façade du Chaſteau du Louvre, toutes dans la petite ſalle.

De M. *Armant*, vn Payſage dans lequel eſt repreſenté vn Moyſe ſur l'eau.

Six tableaux de Trophées d'Armes faits pour Verſailles, par Mademoiſelle *Madelene Boullogne*, avec vn autre de fruits.

Et vn autre tableau d'vn Payſage, fait par Mademoiſelle *Geneviéve Boullogne* ſa ſœur.

Le Portrait de Mademoiſelle *Cheron*, peint par elle-meſme.

De M. *Franciſque*, deux tableaux de Payſages de quatre à cinq pieds chacun ou environ.

De M. *Aillier*, vn tableau repreſentant vne Charité Romaine, & deux Portraits en ovale.

De l'Imprimerie de Pierre Le Petit, Imprimeur et Libraire ordinaire du Roy. 1678.

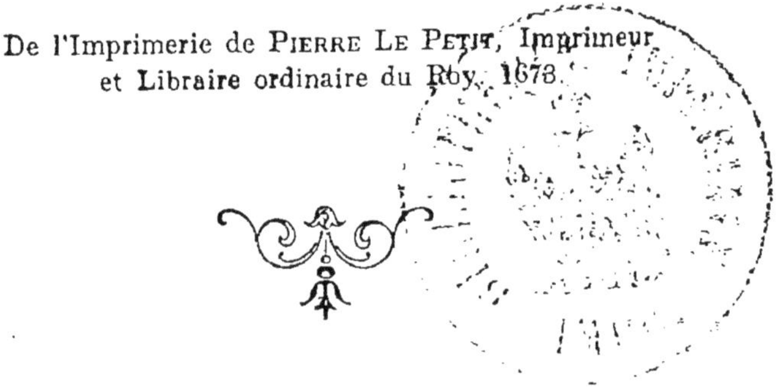

Nogent-le-Rotrou, Imprimerie de A. Gouverneur.

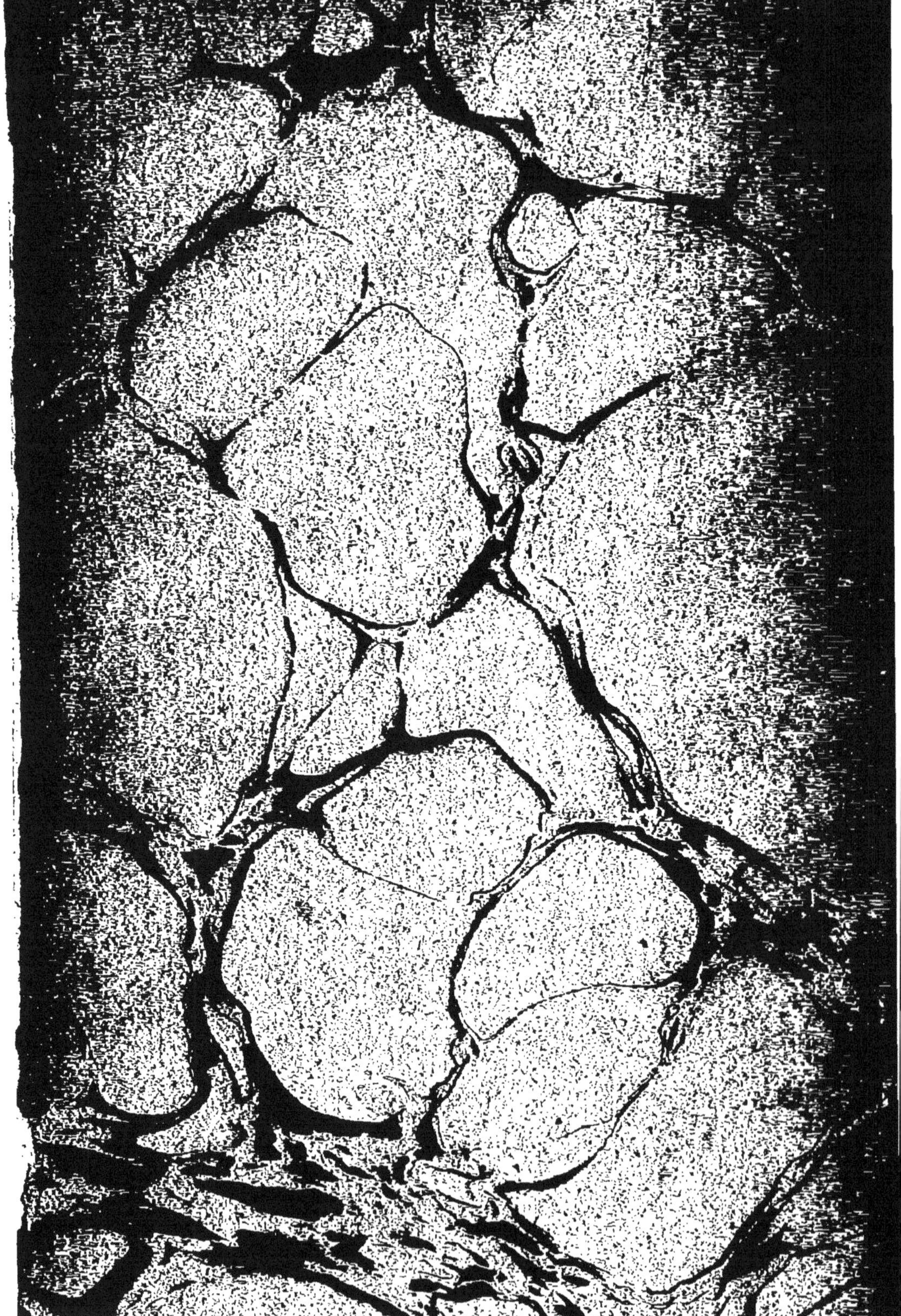

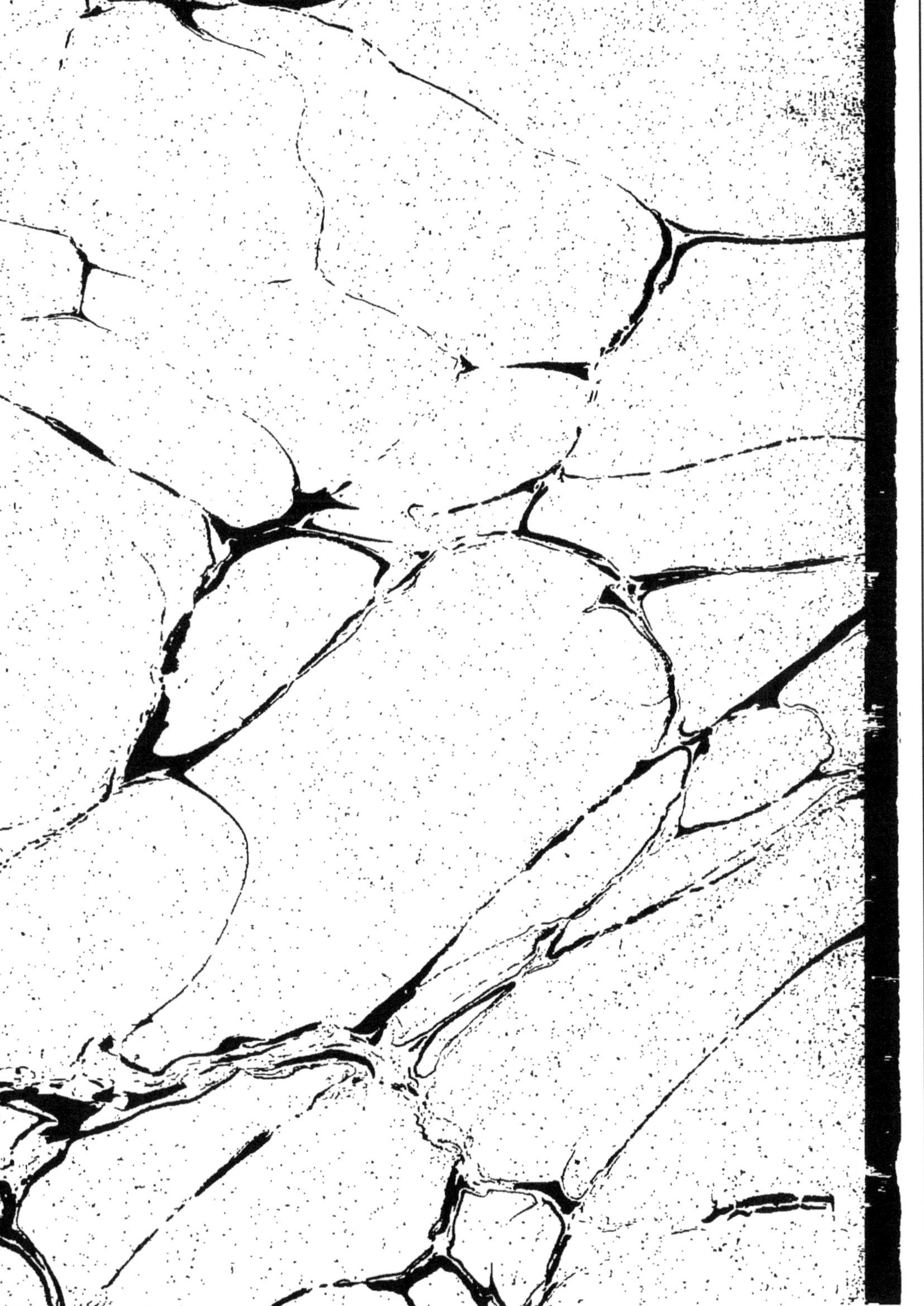

BIBLIOTHEQUE NATIONALE DE FRANCE
3 7531 00408532 1

www.ingramcontent.com/pod-product-compliance
Ingram Content Group UK Ltd.
Pitfield, Milton Keynes, MK11 3LW, UK
UKHW020449230726
13925UKWH00005B/1845